윤영라 [제4시집]

비 개인 날

기획·발행처 도서출판 한국인
출판·인쇄처 도서출판 숲나文學

본 시집은 한국예술인복지재단의 2025년 일반 예술활동준비금(구, 창작준비금)으로 인쇄제작되었습니다.

비/개인 날

작가의 말

살다 보면 힘든 순간도 있고

아프고 괴로운 순간도 있다

힘든 순간을

슬기롭게 넘기고

힘들어도 웃음으로 평온한

마음으로 임하다 보면

어느 순간 삶은 환희로 바뀌어간다

내 인생이고

누가 대신 해주지 않고

내가 해야 된다면

기꺼이 즐겁게 하루하루

보내다 보면

한 달 일 년 십 년이 언제 갔는지

그렇게 그렇게 인생이 가고

후회 없는 멋진 노후가

될 것이라 믿는다

마치 비가 개인 날 처럼……

2025년 7월

시인 華聯 화연 윤영라

차례

제1부 향기 나는 사람

예쁜 말	012
봄꽃 프리지아	013
봄	014
성공 에너지	015
사랑한다는 말	016
부부 금슬	018
부추밭	019
안마의자	020
열정 있는 사람	021
불로장생하는 길	022
다섯 번째 고향 율하	023
버스 타기	025
멋진 노부부	026
가음정 장미공원	027
향기 나는 사람	028
범어사	029
삶은 환희	030
꿈의 네트워크	031
해운대	033
여름 강	034
청소의 힘	035
한 여름	036
치즈 빙수	037
팔월	038
혼자 기다리는 상점	039

추억의 커피 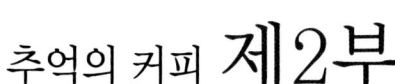제2부

산다는 것	042
가을이 오면	043
체중계	044
꽃송이	045
나이 들어도 마음은 안 늙는다	046
소낙비	047
콩국수	048
펼친 이와 걸린 자	049
징검다리	050
벤치의 유혹	051
수은등	052
접이 우산	053
호박	054
단풍잎	055
초봄 햇살	056
이상 기온	057
화장실 청소	058
초생달	059
디톡스 족욕	060
궂은 날	061
기다림	062
퇴근길	063
가족 모임	064
설거지 하기	065
해지기 직전	066
추억의 커피	067

차례

꽃 향기 제3부

엄마품	070
여름 바람	071
고구마	072
가을 오기	073
우리집 두 딸	074
보고 있어도 보고 싶은 사람	075
가을	076
약속	077
신발	078
가을이 좋다	079
은행나무	081
봄날같은 겨울	082
구정	083
화촌마을	084
행복한 노년 보내기	085
텃밭	086
늦게 핀 벚나무 한 그루	087
막걸리 한잔	088
쑥 이야기	089
방충망	090
꽃향기	091
홍게 무한리필	092
짜장면	093
잔소리	094
결혼식장	095
백발이면 어떠리	096
해바라기	097

내 편 만들기 제4부

비 개인 날	100
힘드나요	101
방울토마토	102
나이 먹기	103
오늘의 운세	104
금이 된 소금	105
장마 준비	106
긴 폭염	107
폭우	108
지인 되기	110
유튜브	111
말의 기적	112
상인의 하루	113
더위도 한 철	114
좋은 이웃 만드세	115
미전수기 물 마시기	116
에어컨 바람	117
똥고집	118
내 편 만들기	119
어디에든 안티	120
연인	121
흑운모 원석	122
소개하기	123
부채의 고마움	124
김치	125
달력	127

제1부

향기 나는 사람

예쁜 말

목소리 예쁜 분
너무 부러워
예쁜 목소리로 하는
예쁜 말 더 빛나네

-누구세요 웬 남자분께서
굵은 목소리로 예쁜 말 하려니
오히려 이상하네
그냥 생긴 데로 편하게 하자

얼굴 보고 얘기해야지
전화로 듣는 상대방은
황당해서
서로 웃는다

그래도 고운 말 예쁜 말
노력해 보자
목소리는 무뚝뚝해도
마음만은 알아줄 거야

봄꽃 프리지아

졸업식 3월 봄이되면 입학식
노란 프리지아 꽃 신나네
활짝 핀 꽃송이로 새로운 인생 출발
응원해주네

친구들과 작별하는 눈물
기쁨의 환희
배움의 자락에서 힘겹게
견디며 인내한 소중한 추억

낡은 앨범 속
주인공 안아줘서 사랑받고
오랜 세월 기억되는
프리지아

정겹게 잊혀지지 않는 노란 꽃향기
희망과 설렘도 함께
당신의 새로운 앞날을
축복해

봄

봄을 기다리는 마음은
세 살 베기 솜사탕 나오기
기다릴 때처럼
더디게 와서

게눈 감추듯 후딱 가버린다
봄 왔다고 봄옷 입으니
꽃샘추위 와서 응달 포수처럼
떨 수도 없고

드라이해서 넣었던 옷 내어 입자 말자
겨울이 뒷걸음
쳐가버려
봄옷 입어야 하고

봄옷 좀 입고
폼 잡으면 또 더워져
드라이해서
넣어야 되네

옷값보다 세탁비 값이
더 들어가도 안 할 수 없지
봄이 좀 빨리 오고
천천히 가면 좋으련만

성공 에너지

앞이 안 보이고
안개가 자욱할 때
에너지가 나오네
쓰러져서 그냥 쉬고 싶을 때

아니야 할 수 있어
해내야 해
할 일이 남아있어
아직 안 끝났어

모르는 힘이 쏟는다
누구를 위해서가 아니야
꿈꾸었던 내 삶은
이겨내야 돼

이루고 말 거야
대신해 줄 수 없는
인생이고 삶
한 번뿐인 후회 없는 나의 생

역경이 오고 넘어졌을 때
절대로 포기는 없다
다시 시작하면 돼 넌 할 수 있어
성공에너지가 나를 깨운다

사랑한다는 말

우연히 지인 옆에
앉았다가
아들과 전화하는 걸
듣게 되었네

아들 사랑해 밥 잘 챙겨 먹고
사랑해하면서
계속 사랑한다는 말 하는
얘기를 들었지

나도 자식들한테
한번 해봐야겠다
생각했는데
막상 말로는 못하겠고

문자를 넣으면서
사랑하는 아들
사랑하는 딸 문자 앞에
그렇게 붙여서 했더니

엄마 뭔 일 있어요

왜 그래요
갑자기 그러니 이상해
그냥 평소대로 하세요

아이고 얼마나 자식들 한테
사랑한다는 말을 안했으면
마음만으로 사랑하고
말로 하지 못했던 게 많이 후회되네

한번 하기가 어렵지
하기 시작하면 될 건데
지금도 사랑해하고 말하려면
눈물이 먼저 눈앞을 가린다

부부 금슬

악수하자며 내민 손 잡으니
전기가 찌르르 왔지
이상하다 전기가 왜 흐르나
깜짝 놀랬지

하루도 밥 먹을 시간
그냥 밥을 먹을 수 없다
숟가락 들면 내 편
밥은 어떻게 챙겼나

문자라도 보내야
편히 서로 먹을 수 있네
이리 봐도 저리 봐도
그 누구보다 내 편이 제일 멋있다

하나뿐 내 편 든든한 버팀목
역시 이 세상에 최고
손잡아 주는 내 편 있어 행복
천생연분 부부

부추밭

회사 동료
- 대동 부추밭에 가자
가지고 가고 싶은 만큼 베어 가
비닐봉지 들고 따라가
밭고랑에 부추 향이 가득

아는 분 고향 언니 인심 좋아
비닐 한 봉지 가져왔네
차가 없으니
많이 못 가져오니 조금 아쉽다

아직도 농촌은 넉넉하고
푸짐한 마음씨 가진 분들 많아
즐겁게 농촌 바람 쏘이고
부추 잔뜩 참 행복한 하루

안마의자

친구가 됐네 머리에서 발끝까지
오토메타로 움직이며
편안히 여기저기 만져줘

엄마 저녁이면 다리야 팔이야
손녀들이 두들겨주면
시원하다 했는데

계시면 의자에
편안히 앉아서 이곳저곳
몸이 풀리게 해 드릴 텐데

아들 손자가 정성 들여
주물러 주는 것 같이 편안히 앉아서
대접받는 오늘도 여왕이 된다

열정 있는 사람

누가 보면
하는 일에 열중하는 모습
보기에 이상하리 만큼
집중해서 빠지는 것

열심히 하지 않으려고 애써도
타고난 성격 식지 않는 열정
마음대로 안 되는 것
당면한 실정

하나에 몰입하면
아무것도 안 보이네 후회 없이
최선을 다해 반짝이도록
할 일 하며 즐기는 힘

불로장생 하는 길

내일 걱정 말고
오늘 하루 해야 할 일
적극적으로 하면서
내일을 편하게 맞이하자

이 생각 저 생각
머리 복잡하지 않게
느긋이 조용한 잠 잘 오는
챠크라 음악 들으며 자고

새날 희망으로
감사하며 즐겁게 지인 만나
주어진 일 최선을 다하면
건강하게 젊게 절로 이어져

다섯 번째 고향 율하

다섯 번째 고향 율하 만나려
거제 부산 창원 하동
고향마다 사연을 담아
그렇게 굽이굽이 돌아왔나

봄이면 벚꽃 단장해 환호성
새하얀 목련 연분홍 매화
뒤질세라 꽃잎 피우고
산수유 꽃 활짝 손들어 반기고

여름에 시원한 물줄기
굽이치며 돌아가는 풀숲 다슬기
어린 송어 언어 때
줄지어 행진

오리가족 바쁘게 헤엄치며
도란도란 즐겁게 놀고
하얀 두리미 한가로이
소풍 하는 율하천

가을이면 오색단풍 빨간 산수유
등을 달아 불 밝히며
하천 따라 꼬불꼬불
폼나게 걷기 운동

겨울은 하천가 따라
줄지어 들어선 분위기 카페
색깔 등 반짝거려
따뜻한 등불 비추어

우리네 쓸쓸한 마음 위로해
사계절 반겨주는
멋 떨어진 카페거리
아름다운 율하

버스 타기

버스를 타면
김해서 마산까지 환승돼
버스비 1500원
한 번으로 갈 수 있어

차 기름 신경 안 써
보험료 안 들어가
주차할 곳 찾지 않아도
편히 앉아 눈감고 깜빡 졸아도 돼

주변 바뀌는 멋있는 경치 보고
명상도 할 수 있어
목적지 가는 동안 나만의 작은 공간
버스 타기 그런대로 괜찮네

멋진 노부부

나이 들어도 변함없는
믿음과 사랑으로

서로 마주 보며 위해주는
항상 함께하는 멋진 두 사람

손잡고 다니며
의지하여 잘 살아가는

시장가기 병원 운동
취미생활 문화회관도 함께

양보와 먼저 해 주기 생활
몸에 배어 있는 절친부부

나와 너의 연리지
빛 바라기 여행

가음정 장미공원

계절의 여왕 5월 장미공원
갖가지 색깔 장미꽃 군락
군데군데 화사하게 피어
휴식하고 싶은 이 반기지

장미꽃이 예쁘도 보기만 해요
꺾으면 상처를 주니
예쁜 모습 뽐내도
마음 뺏기기 싫은 도도함

약한 모습 보이기 싫어
가시를 가졌나 봐
숨어있는 결점까지 사랑해야
진정한 사랑이란 걸 알려주는 전령사

향기 나는 사람

대구 서부터미널 법원은
어디로 가야 하나 택시 타면 되지만
막상 택시는 부담스러워

옆에 지나가는 분
지하철 타라고 가르쳐주네
그래도 다시 한번 물어봐야겠다

지하철 오른쪽 아가씨한테 물으니
이어폰 귀에 걸고 대답도 안 해
왼쪽 아가씨한테 물었네

1호선 내려 2호선 타는 데까지
안내해 드릴게요 하며
한참 돌아가는 곳까지 안내해 준다

향기 나는 사람은 이런 사람 아닐까
진한 향수로 향기 뿌리는 사람 보다
친절한 마음씀이 몸에 베인 진정한 향기

범어사

천년을 넘어 자리 잡은 범어사
입구까지 버스가 들어가 참 좋다
예전엔 한참 산을 넘어 걸었는데

산새가 수려하여 나무들 머리 위에
그늘을 드리워주니 조용히
혼자 사색하기 좋은 정원길

초팔일 등불 꽃이 줄을 이어 걸려 장관
어마하게 긴 세월 염원하며
조상님들 두 손 모아 엎드렸을 법당

고향집 대청마루 앉은 것처럼
마음이 편안해져 고요히 묵념
가슴속 응어리 풀리네

골짜기 물 졸졸 흘러내려
108 번뇌 씻겨지는 시원함
깊은 산속 관광지 된 부산 범어사

삶은 환희

삶 누구에게나 환희
태어남 자체가 환희야
억겁의 겁을 거쳐 사람 몸으로

앙- 울고 태어나서
울부짖으며 살아도
저승보다 이승이 낫다고 하니

흘러가는 강물처럼 유유히
이 모양 저 모양 예쁜 구름같이
그냥 편하게 놀이하듯 즐기자

아무도 알아주는 이 없어도
행복한 하루 감사하며
후회 없는 환희의 삶 되길 바래본다

꿈의 네트워크

요즘은 전화받기 두렵다
시간 있음 한번 보자고
십중팔구 네트 회사

교회 집안 직장 이 세상
네트로 안 내려가는 게 없지
듣다 보면 그럴싸하다

600만원 60만원 6만원
10만원 요즘은 어려운 시기
회원가입 금액도 내려간다

영업하는 사람 1순위 타깃
무지개 꿈을 주입시키며
안 하면 바보 될 것같이 꿈에 부푼다

발밑은 낭떠러지 점심값 걱정
품위유지는 해야겠고
스폰서란 명목 젊은이들 눈치 보며

하마 뒤질세라 뛰어보지
자기 경쟁력 삽으로 땅을 팔 것인가
포클레인으로 팔 것인가

본인이 삽으로 땅을 파는 사람
인지도 모른 채 성공의 꿈을 꾸며
달리며 이리저리 끌려가는 네트인들

돈 안 들어가는 회원 프로슈머 시대
끌고 가는 자 1% 안에 들어가야
이루어지는 꿈을 좇아 불나방이 된다

해운대

젊음의 도시
태양의 계절 여름
활기찬 해운대 거리

꽃거리 만들어
연인의 도시
젊은 연인 노년의 사랑

연인들 모여
활기 넘쳐나
주말은 더 뜨겁게 모여

화기애애 하하 호호
즐거운 가족들 웃음소리
지평선 멀리 밀려오는 바다 거품

춤추며 노래하네
너울너울 사르르 철썩
다시 또 보고 싶은 해운대 바다

여름 강

넘실거리는 강가
유혹하는 초록향기 따라
계획 없이 갔다가는 큰일

갑자기 소나기
쏟아지는 휴일
강가에 텐트 치고 놀든 가족

순식간에 떠내려 간
어느 날 휴일 진주 강가
여름 강은 긴장되는 강

낭만에 젖어 방심하면
순식간에 모든 걸 잃어버릴 수 있어
두 얼굴의 여름 강

청소의 힘

현관이 깨끗해야
복이 들어온다
어른들 말씀

화장실이
반짝거려야
마음 맑아진다

마음 심란하면
청소해라 어느덧 안정되고
편안히 윤이 난다

땀 흘리며
치우고 나니 상쾌해
앞 길이 밝아진다

한 여름

뙤약볕 열기
이글이글
가마솥 화로

마지막 용트림하듯
절정인
태양의 위력

맞서 걷는 이
땀방울
열 식혀 시원하다

이열 치열 멀지 않다
여름아 비켜라
자박자박 가을 오는 소리 들린다

치즈 빙수

빙수는 팥빙수
열 식혀주는 팥으로
우유와 연유 넣고 얼음 갈아

근데 요즘은
치즈 빙수 콩가루 빙수
멜론빙수 인절미 빙수

종류도 많고
값도 장난 아니네
사장님 아이디어 좋아

여름 겨울
계절 없이 대박행진
설빙 치즈 빙수 먹고 싶다

팔월

팔월은 젊음 태양의 달
정열을 불태워
끝없는 삶의 환희

두려움 없이
펼치고 노래해 춤추는 유희
찌꺼기 한 톨 남지 않을 열정

불볕 태양 아래
열기를 분수 같이 품어내
운무 되리

다시 돌이 오지 않을
지금의 청춘
아낌없이 발산 꽃 되어 피리라

혼자 기다리는 상점

아이스크림 커피 인형 뽑기 꽃
이런저런 기다리는 상점
계란 상점은 참 편리하다

계란 사러 가서
이것저것 사 오는데
계란만 딱 사 오면 되고 싸고

주변에 하나씩 들어선다
젊은 사람들은 편하게 이용 잘하는데
어른들은 머뭇거리다가

시장이나 마트로 마트도
바코드 찍어서 본인이 계산해야 돼
부지런히 시대 따라가야

현대 생활 적응 된다
열심히 배우고 실천해
당당하게 어디든 이용 잘해보자

제2부

추억의 커피

산다는 것

삶 녹녹지 않다
이래저래 치여
이도 저도 못할 때

순한 사람
더 당하는 세상
악바리처럼 사는 사람

아예 내팽개쳐
오히려 본인이 편하지
안 건드리니까

적당하게 당해주고
실속 차려 울부짖어야
그나마 덜 당한다

외유내강이 좋나
외강내유가 좋은지
깨시리 지혜롭게 살자

가을이 오면

설레는 가을
하늘은 높고 푸르러
걸음걸음 발걸음 가뿐
선선한 바람 뺨 간지럽다

추수의 계절 여유로운 마음
이즈음 잔디 풀 깎기
깔끔해진 하천 강변로
알싸한 풀향기

배롱 꽃 굿굿이 향기 품고
키 큰 해바라기 씨앗 품고
백일홍 예쁜 꽃 군락
코스모스 하늘하늘 춤추네

가볍게 둥둥 걷고
가을 향기 오래 간직
가슴으로 반겨
행복에 흠뻑 취하자

체중계

가만 앉아 있는데
요술거울 달렸나 봐
밥 한 숟가락 더 먹어도
살짝 바나나 먹은 것 아네

잠 못 잔 것
저녁밥 적게 먹은 거
자기 전 우유
안 먹었더니

다 알고 있네
들키지 않으려면
조금씩 먹거나
먹고 싶은 것 참아야 돼

참는 거 어려운데
통닭 피자 고구마 떡
빵 과일 견과류 아이스크림
한 번만 눈감아 주렴

꽃송이

잠깐 피었다 잊혀질 망정
피고 싶어
짧은 생이라
안타까워 마소서

환하게 어여쁘게 피어
당신이 즐거운 날
사랑받는 행복 이어라
아무도 나 닮을 수 없음에

잎 하나하나 모여
꽃망울 터트릴 때 희열
꽃지고 열매 맺는 소망
나 피어나리

너무 일찍 진다고
슬퍼 마세요
잠깐 머물렀다 다시 피어나는
나의 생인 걸

나이 들어도 마음은 안 늙는다

언제 나이 이리되었지
백발 머리카락
주름진 목

아직 할 일 많은데
하고 싶은 일 줄을 섰는데
마음은 이팔청춘인데

보는 사람은 아닌가 보다
아직도 일하나요
이젠 쉬어도 되잖아요

어떻게
새로 시작할 생각을 하셨나요
대단해요

근데 하고 싶은 게 많다
누가 뭐라든
하고 싶은 일은 해야 돼

누가 대신 해줄 수 없다
주어진 인생이고
내가 선택한 일이니 잘해야 해

소낙비

하늘이
심통 부리네
어두워 캄캄하다
어느새 햇살 빠꼼이 나왔다

갑자기 물방울 떨어뜨려
놀라서 뛰고
순식간 바람 몰아쳐
투명 우산 날리고

긴 우산 끌고 가나
들고 가나
가방에
넣고 가나

하늘 변덕에
이도 저도 불편
내리고 싶음
시원히 내리 삐던지

콩국수

밀가루 반죽해
홍두깨 방망이 밀어
잘게 썰어 삶고

노란 콩 삶아
맷돌에 몇 알씩 넣어
돌리면 하얀 콩국물

한 그릇에
국수 넣고 오이 썰고
계란 삶아 얹으면 맛있는 콩국수

한나절 마음먹고
준비해야 탄생하는
구수한 콩국수 한 그릇

지금은 콩국이 기가 막혀 콩가루
흰콩 볶은 콩가루 섞어
정수기 찬물 타서

국수 삶아
오이 계란 고명 얹으니
구수한 콩국수 한 그릇 뚝딱

펼친 이와 걸린 자

펼치는 이는
끝없이 펼친다
걸린 자 걸린 줄 모르고
계속 끌려간다

잘살게 행복하게 해 준다
새로운 정보라고
안 하면 평생 후회하고
나중에 고마워할 거라고

펼친 이 결국
끌고 가다
이익 분기점에서
펼칠 곳을 다시 찾는다

끝없는 연결 고리
인연이라는 명분
빠져나와도
누군가에게 또 걸려간다

징검다리

돌다리 건너 한 발 한 발
행복하나
기대하나
꿈을 찾아 내딛는다

저 건너편
더 멋지게 불빛 반짝
희망 찾아
사람들 모이는 곳

돌다리 사이로
세찬 강물 빠르게 흘러
보고 싶은
바다 품으로 간다

벤치의 유혹

뭐 그리 바쁘냐
조금만 엉덩이 붙여봐
쉬어가도 괜찮아
유혹의 눈길

아-- 앉으니 좋아
손잡고 가는 아이들
강아지랑 산책하는 사람
사색하는 즐거움

역시 무작정 걷기보다
쉬어가니 여유롭네
벤치 고마워
고즈넉이 기다려줘

수은등

높은 하늘 보름달
땅의 둥근달
은은히 빛나는
동그란 수은 등

잔디밭 군데군데
하얀 박 조롱조롱
등불 친구들
밤길 어둠속 환히 밝힌다

밤새워
하이얀 불빛 비춰
당신을 위해서 라면
잠 잃어도 괜찮아요

접이 우산

변덕 심한 봄비
조그만 접이 우산
가방 한 켠 자리 잡아
친구 옆에 있는 듯 편안해

넣었다 꺼내 펴
촉촉한 비 맞으며
몸과 마음 젖어 아련한
그리운 추억에 잠기네

봄비 우산 속
바람 피하고 비 비켜가는
아늑한 작은 공간
따뜻한 여유로움

작은 꽃무늬 우산
행복한 미소 숨어
보고픈 모습 떠올라
살포시 웃음 짓네

호박

호박 구덩이 크게 파느라 바쁘다
거름 넣고 퇴비 부지런히 넣어야
호박이 많이 열리고 맛있다

노란 호박꽃 이쁘기도 해라
조롱조롱 피었던 꽃이지니
주렁주렁 호박이 열리네

이웃집 나눠주니 칭찬받고
애호박나물 호박전 호박잎 쌈
된장찌개 갈치찌개 한몫해

누렁둥이 익은 호박 달콤한 죽 끓여
열 자식 챙겨 먹이느라
손에 물 마를새 없던 울 엄마

호박은 우리 식구들 식량
찬거리 걱정 덜어주는
굴러 들어온 복덩이

단풍잎

휘몰아치는 바람이
야속할지라도
아리따운 진빨강
새 옷 갈아 입어

나 떨어져 한 줌의
흙이 될지언정
행복한 모습으로
내 혼을 불어넣어

당신을 유혹하려 하오
부디 나를 잊지 말고
한 잎 붉은 열정으로
영원히 당신 곁에 있고 싶소

초봄 햇살

햇살에 속지 마
따뜻한 기운 가벼운 옷 걸치고
외출하면 햇살 없는 곳
추워서 움츠린다

햇살은 좋은데 얼굴 탈 거야
그래도 참아
건강하려면 쬐어야
온몸 활기차

겨울 오기 천천히
초겨울 길게 가면 좋을 터
여지없이 오는 겨울
시간의 굴레 벗어나지 못해

겨울 지나 화창한 봄
파릇한 새싹 만남에 들떠
봄 생각 즐거운 상상
행복한 초봄 한낮

이상 기온

철 모르는 장미꽃
눈치 없이
울타리 따라 피어

추운 것 같아
외투 입고 나온 이
벗을 곳 없어 땀 절절

외투는 벗으면 되는데
목 폴라티는 어쩌나
쪼여오고 답답

비 오지 않는 마른땅
햇살은 능글능글 내리쬐고
낙엽이 한 도로 차지해

화장실 청소

청소당번 남자화장실
소변기 거미 한 마리
비누 솔로 락스 묻혀
닦아도 계속 붙어있어

하 답답 하소연 왜
남자 화장실 은
물이 안 내려오고
거미 한 마리 씻어도 떨어지지 않나요

헐 - 거미는 그림인데
소변볼 때 거미 그림에
볼일 보라고 그림을 그려놨다나
남자화장실 청소 황당

초생달

씩 웃는
보고 싶은 그리운
언제나 웃었던
얼굴 보고파

바나나
하늘 저 높은 곳
침 흘리게 하는
노란색

외로이 떠
무엇을 보고 있나
홀로 찡긋
눈웃음 정겹다

디톡스 족욕

발 담그는 항아리
노란색 연푸른 흰 거품
까만 찌꺼기
무슨 색깔 나올까 궁금

예쁜 아가씨 발
키 큰 멋진 총각
지친 발 따뜻한 물
편안히 담구어

색깔마다 몸이 달라
나 피곤해
콜레스테롤 있어요
매운 거 잘 먹어

말없이 앉아 있으니
색깔로 표현해
30분 디톡스 족욕
속 시원해

궂은 날

궂은날
한가히 노는 날

꼼짝 하기 싫어
뒹구는 게으른 날

궂은날 지나고
환한 햇빛 나면

왠지 해님 얼굴 보기
부끄러워지지

기다림

이제나 저제나
문밖을 보는 눈길
무엇을 기다리나 누구를 기다리나

공허한 허공 응시
누굴 위한 기도인가
기도하는 맘

즐거운 기다림
만남의 기다림 대화의 꽃
소통은 대단한 통로

화합의 장 소식의 장
오늘도 기다림
희망 바램 소망 담아

퇴근길

달빛 파르르
한밤 조용한 공원길
달그락 바퀴소리 들으며 걷는다

아무도 보지 않아
편안히 조오용한
한 발씩 디디는 발걸음

연탄등 불빛 반짝반짝
노란 빨강 초록빛
번갈아가며 걸음길 밝혀

바람소리 사르락
귀 간지럽히며 밤길 동무
외롭지 않게 한발 한발 안심처로

오늘도 별 달님
이 모양 저 모양 요술그림 그리며
따라오는 구름친구

가족 모임

오랜만에 가족들 모여
즐겁게 하하하 파안대소
아들 딸 사위 손자

맛있는 해신탕 오리백숙
몸 건강 마음 화합
식구들과 단란한 식사

그냥 외식해야
엄마 왔다 갔다 고생 안 하니
마음 편타는 자식들

직접 해 주는 게 좋은 것만은 아냐
자식들 마음 쓰이는 세대
편한 게 서로 좋다

주변에 맛있는 외식에
길들여진 현대인
그냥 따라가는 게 도와 주는일

설거지 하기

거품 몽실몽실
깨끗이 앞 뒤 안쪽 닦아
시원히 샤워하고

반짝반짝
빛나는 그릇들
주인 기다리며 앉아 있네

선택받아
밥하고 국 떠서 맛있게 먹는 주인
보는 것 만으로 행복해

빨리 자주자주 깨끗이
샤워시켜 주세요
물속에 오래 있기 싫어요

해지기 직전

해뜨기 직전 춥고 어둡다 했지
먹구름 가득한 하늘
해 지기 직전도 별빛 없으니 어둡다

매미는 해 지니 아쉬워
목청 터져라 세차게 울부짖고
자동차들 전조등 켜고 갈 길 바쁘다

빨리 가고 싶으니
버스는 더 늦게 오고
퇴근길 젊은이들 종종걸음

아파트 불빛 하나씩 켜지고
반겨 줄 가족들
동그란 웃는 얼굴 그려보며

수고했다 등 도닥이며
무언의 얼굴로
눈빛 인사 마음 헤아려

무거운 발걸음 사뿐히
콧노래 흥얼거리며 기다리는
해 지기 직전 정류장

추억의 커피

향기가 코끝에 자극
머리 맑아져
새까만 저 차는 무어지

조그만 예쁜 잔에 홀짝홀짝
언니는 분위기 잡으며
혼자서 마신다

어느 날 맛이 너무 궁금해
밥공기로 한 그릇 타서
꿀떡꿀떡 마셨다

아이고 와 이리 쓰노
약 먹는 거보다 더 쓰네
말도 못 하고 혼났어

너무 써 조금씩 마시나
알고 보니 커피

커피도 주인 잘못 만났나

제3부

꽃 향기

엄마품

여태 살면서
아들 딸들
모유 먹여 키울 때 엄마품 외

언제 자식들에게
품을 내어 준 적
있었는가

안아 준다는 것조차
평소 안 해봐 생소하다
엄마품 모르고 자라 못하나

이제라도 엄마품 느끼게
왔을 때 안아주고
갈 때도 안아봐
엄마 안아보고 싶어도 없을 때 후회하지 않게

여름 바람

작열하는 태양볕 여름 한 낮
숨 막힐 것 같은
후덥지근한 바람

불어오는 기세
조금 꺾인 듯
아침저녁은 시원한 바람

밤새우는 귀뚜라미 잠 설쳐
7일만 산다는 매미
사랑 매미 못 찾았나 아직 울고

끝날 것 같지 않던 폭염
더운 여름 물러날 준비
바람이 먼저 아네

고구마

고구마 대접받아
쌀값보다
더 비싸다

예전에 가격 저렴해
한 끼는 고구마로
때웠는데

질리도록 먹었던 고구마
지금은
귀한 음식 웰빙식품

사시사철 나온다
푸짐하게 삶아놓고
먹기는 부담

냉동실에
삶아 넣어두고
먹고 싶음 하나씩 먹어
고구마 먹으며 행복해진다

가을 오기

가을 시샘
궂은비 추절추절
내리네

샘 이나 못 오게 해도
가을은
안 올 수 없지

예쁜 단풍
갖가지 색깔 코스모스길
걷고 싶지

기다리는 님들 환호
가을도 오고 싶어
안달

비 뿌리는 훼방꾼
늦은 여름 애꿎은 비
동심도 돌아 선다

우리집 두 딸

큰딸은 살림밑천
옛말 있지
큰딸은 엄마 할 일 다 했지

직장 출근하면
다섯 살 꼬맹이 세 살 동생
손 꼭 잡고 엄마 언니 친구 되고

엄마는 없어도
언니 없으면 안 되는 작은딸
사십 년 넘도록

하루를 연락 없이
지내는 날 없지
어쩜 저리 잘 지내는 자매인지

딸 둘 보면 마음이 푸근
열 형제 부대끼며 커
형제애 없이 살다 보니

선녀 둘 우리 집 내려와
못 올라가고
눌러앉은 게 분명하다
큰딸 작은딸 사랑해

보고 있어도 보고 싶은 사람

반짝반짝
강렬하게 빛나는 눈빛
얘기하면서 끄덕끄덕 경청해 주는 모습

이해되도록
차근차근 설명
이런저런 비유로 이해시키던 모습

차 한잔 해도 고급스럽게 분위기 취하며 마시는 걸 좋아했
던 사람
축하할 일 있을 때 잊지 않고 챙겨주며

하늘의 별도 따주고 싶어 했던 사람
편안해지고 궁금해지고 안타까워지는
이유 모르는 관심을 갖게 만든 사람

젊은 시절 그 사람
보고 싶은 사람
지금 이 사람

가을

알록달록 잎새
사각 그리며
마음 흔들어
조용히 그렇게

하늬바람 따라
꽃향기 풍겨
사르르 나뭇가지
그대에게

푸른 잎 노랑 빨강 검붉게
우주의 신비
생존 전략 나무
우리네 인생살이 닮아

풍성한 들녘 더 높은 하늘
여유로운 겨울준비
풍족함 뒤에
쓸쓸한 여운
가을의 뒷그림자여

약속

보고픈 사람
약속시간 째깍째깍
시곗바늘 우찌 그리 빨리 가는지

붉으락 푸르락
사람들 시선에 속은 울렁
신호등 자꾸 걸려 차는 더 늦다

빨리 가려고 애쓰니
바쁜 만큼 더 천천히
그냥 조금 늦게 약속 잡아 편하게 가면 돼

차시간 마음 같지 않다
애타서 속은 화롯불
내심 편한 표정
기다리는 이
부지런히 가는 사람

신발

운동화 단화가 편해
예쁜 뾰족구두
미니 스커트 아가씨 너무 멋져 보여

구두 신고 싶어
빨간 구두 한 켤레 사서 폼 잡고 걸었네
얼마 못 가 발 퉁퉁

엉금엉금 뒤뚱뒤뚱
도저히 못 걸어
구두 던지고 운동화 신으니 살 것 같다

편한 신발 신고 다녀
다리 편해
마음 즐거워
몸에 맞는 편한 신발 최고

가을이 좋다

더 높고 푸르른 하늘
뭉게구름 두둥실
바람 친구 따라 몰려
솜사탕
그림 그리기

시원한 바람
고추잠자리 날고
색색 갈 코스모스
하늘거리며
반겨

시냇물 잔잔히 흘러
귀뚜라미 노래
버스킹 색소폰 소리 들리는 길
어깨 덩실
춤추는 발걸음

가을이 좋다
벼 익어가는 황금 들판
갖가지 과일

풍요로워
사그락 낙엽 밟는 즐거움

왠지 이유 없이 그냥
바바리 입은
우수에 젖은 여인
바람에 날리는 향기
추운 겨울 오기 전이라 더 좋다

은행나무

노란 나비 몰려들어
나무에 진을 쳤네

떨어지는 노랑나비
바람결에 흔들려
사라사락 내려와 앉아있네

예쁜 나비 모아
책갈피에 넣자

세월 지나 보니
노랑나비 잎 하나 둘
추억되어
그리움의 나래를 편다

봄날같은 겨울

겨울이 봄날
한나절 빛나는 햇살
내리쬐어 따뜻한
삼 방향이 유리창
기운 절로 나는
조용한 자리

바쁘게 다니는 사람
쉬어가며 여유롭게
따뜻한 원적외선 의자에 앉아
편안히
휴식하는 공간
역시 생각하는 데로 된다

구정

섣달그믐 설 생각
배 꼬르륵 긴긴밤
손꼽으며 밤새워
설날 맛있는 거
볶고 지지고
하루종일 바쁘게 음식준비

자식들
구정에 맛나게 먹으며
옹기종기 앉아 놀던 때 옛날

이제는 굽기만 하면 되는
홈쇼핑 전거리로
간단히 구워 편한 시절
바쁘게 얼굴 보고
보금자리로 일터로 떠나고
종일 쉬면서 편해 시절인연 따라

화촌마을

찬바람 요란할 제
따뜻한 훈기
가슴 녹여주는 동네
봄소식으로
매화꽃 멋 떨이지게
활짝 피우는 곳

길 고양이
게슴츠레 눈 껌뻑
낮잠 자기 좋은
각가지 꽃들이 앞 다투어
제일 먼저 피는
정겨운 동네 화촌 마을 이어라

행복한 노년 보내기

오늘 하루를
맞이하며 감사
어제 떠난 이 가
맞이할 수 없는 멋있는 선물
책장 넘기며
볼 수 있는 것에 감사
밝은 눈과 넘길 수 있는 손
목이 힘 있어 책 읽기

천천히 말하며
상대방 마음 이해해
멋진 친구 만들어
즐거운 생각으로 잘 보내기
짐 되지 않고
자력으로 생활하고 베풀기
봉사하는 일 찾기
하나씩 주변 정리 깔끔히

인생 여정 후회 없이
하고 싶은 취미 활동
놀이처럼 잘해가기
노년은 하기 나름 행복한 어른이 될 수 있다

텃밭

작은 마당텃밭
이랑 만들고
고랑 지어
작은 씨앗 뿌려
흙속에서 아주 작은 잎새
뾰족이 올라오네
어두운 고통 터널 속 뚫고
밝은 빛 보며

한 잎 한 잎 초록에서
자줏빛으로
변해가는 작은 상추
초록쑥갓 가느다란 여린 부추
생명력에 감탄
물먹고 이슬 먹고 정성 먹고
조금씩 커가니 솎아서
맛있게 먹자

늦게 핀 벚나무 한 그루

벚꽃 구경 한창인데
한 그루 벚나무
꽃이 없어

예쁘다 환호성으로
꽃사진 찍으며 추억 남길 때
쳐다보는 사람 없네

애달프다 늦게 피는 벚나무
줄지어 강 따라 벚꽃 지고
푸르른 잎새 뽐낼 저음

한그루 벚나무 꽃을 피우네
늦게 핀 벚꽃 향기에
발길 멈추고 한번 더 봐
좀 늦어도 괜찮아
애썼다

막걸리 한잔

오래간만에 막걸리 한잔
시원하네
술도 한잔씩 마셔야
속이 후련하다
운전도 못하고
음악도 못 듣고
책도 못 읽고
술도 못 마시니 화병이 난다

한 가지라도
할 수 있으면
응어리가 풀릴 텐데
아무것도 못 하니 사는 게 갑갑해

막걸리 한잔 먹을 수 있으니
살아있는 걸 느끼네
역시 디톡스 족욕으로
독소배출하니
술이 술술 잘 넘어간다

쑥 이야기

봄이면 생각나는 쑥 떡
밭고랑
논길 밭길 사이
쑥이 파릇파릇
쑥 캐는 아낙네
수건모자 쓰고 나들이
가득한 쑥바구니
한나절 허리 굽혀 신바람절로

자식들 이웃과 나눠 먹는 재미
떡 만들고
쑥국
쑥 버무리 점심 대용

봄향기 나는 쑥 건강해지는 쑥
전신만신 쑥이라도 캐러 갈 곳이 없어
깨끗한 쑥 캐려면
차로 먼 곳까지 가야
쑥을 캘 수 있네

딸 얼굴 한번 더 보려고
쑥떡 했다 떡 먹으러 오너라

전화했던
울 엄마 아버지 생각난다

방충망

얇은 망 하나 쳤을 뿐인데
모기 날파리 못 들어와
바람은 그대로 통과
바깥에서 보니
안이 잘 안 보여 안정감
안에서는 밖이 잘 보여 그냥 볼 수 있어

인생살이
방충망 하나
설치해 놓고 살면
위안되고
마음속 덜 보이고
상대방을 편히 볼 수 있겠다

꽃향기

훨훨 바람 따라
꽃비가 내리네
환상적인 비
환호성 나는 비

함박웃음 가득
떨어져도 아름다운 꽃 잎
가슴 한편
아려지는 꽃향기
잊지 못할 향기

홍게 무한리필

빨간 꽃이 움직이네
열 발가락 길게 이리저리 다니다
잡혀온 곳 무한리필

맛있다 정신없이 먹다 보니
옷이 엉망
앞치마 있는 거 보이지 않네

먹기 힘들어도 맛있게 잡잡
밥 비벼먹고
홍게 딱지 넣고 라면 끓여 맛있게 후루룩

홍게 살 잘 발라먹는 법
배워도 잘 안되네
마지막 판이 게살이 잘 빠지는데 그만 먹자

짜장면

맛있다
요즘은 비싸졌다
탕수육과 먹으면 더 맛있다
시키고 나면
짬뽕이 맛있게 보이고
우동이 맛있어 보인다

이사하는 날
식탁 없이 신문지 깔고
젓가락질 바쁘게

피곤도 잊고
맛있게 먹었던
간짜장 보다 더 맛있었던 짜장면
추억의 음식
생각하면
침이 도는 까만 유혹 그것이 짜장면

잔소리

그냥 못 본 척
알아도 모르는 척
넘어가면 안 할 수 있는데
관심이 있으니
잘되길 바라는 마음이 많아
말이 나온다

그래도
상대방이 싫어하면
더 이상은 하면 안 돼

지나고 나면
다 알 수 있는데 기다려야
깨달아
마음 움직여 제대로 할 수 있어

결혼식장

아는 지인 삼쌍둥이 낳은 지
엊그제 같은데
쌍둥이 중 아들
따뜻한 봄날 결혼하네

이십 대 신랑신부 결혼식
젊음이 넘친다
신부 친구들도 아리땁고
신랑친구 늠름하고

보내는 엄마들은
눈시울 뜨겁고
아는지 모르는지 반지 끼우는
신랑 신부
마냥 행복한 얼굴
부디 서로 사랑하고 아껴주고
건강한 자식들 많이 낳고
행복하게 백년해로
잘 살 기 바라본다

백발이면 어떠리

백발이면 어떠리
주름 있음 어떠리
고급옷 아님 어떠리
마음 편한 게 최고지
불편한 옷 입고
폼 잡는다고
달라질 거 없지

그냥 마음 가는 데로
생각 나는 데로
하고 싶은데로
편하게 살리라
후회 없이 살리라

해바라기

해 바라기 해사랑 끝이 없어라
바라보기만 해도 행복해 바
라 보며 서로 바라기 영원한 사랑
기 다림 염원 한 폭의 그림 되다

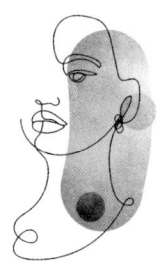

제4부

내 편 만들기

비 개인 날

그치나 싶음 쏟아지는 비
사흘을 우중충
바람 없이 오니 그나마 다행

계속 비오니
바깥일하는 사람들 힘들겠네
농사짓는 사람들은 좋으려나

비 와도
비 안 와도
누군가는 좋고 누군가는 힘들다

양면이 있는 것
인생살이 이치 어떻게 잘 견디는가
그것이 답

힘드나요

숨은 듯 소리 없이
최선을 다해도
지나고 보니 뭘 했나

그럴 때는 정말 힘들게 느껴
그래도 조금씩
표 나지 않게 성장해 나가

나 자신에게 속여도
웃음으로 가면을 써도
알고 있지

그럼에도 웃으면
속아 넘어가 웃을 일이 생겨
힘들다 생각 말고 오늘 제대로 해봐

방울토마토

한입에 쏙 먹기 좋아
달려있는 토마토
어떤 맛일까 먹기 아깝다

보기만 해도
즐거운 방울토마토
방울방울 앙증스럽다

제대로 농사짓는 사람 보람 있겠다
작은 나무에 꽃피고 지고 나니
알알이 조롱조롱 열리네

나이 먹기

진짜 잘 먹는다
그냥 자꾸 먹어진다
안 먹으려 해도 자꾸 먹는다

어쩌면 안 먹을 수 있지
먹기 싫은데
싫다고 안 먹을 수 없고

잊어버리고
살다 보니 엄청 먹었네
시간이 잡지 못하게 훨훨 막 날아가

오늘의 운세

오늘은 운이 좋아
좋은 일이 줄을 설까
조용히 넘어갈까
하루일과를 미리 볼 수 있으면 좋겠다

그냥 그렇게
하루가 가도 잡을 수 없는 게 시간
오늘 하루가
그렇게 그렇게 흘러가도 어쩌리

멋진 오늘을 꿈꾸며
즐겁게 보내려고 애쓸 수밖에
오늘의 운세
그냥 재미로 보자

금이 된 소금

소금이 금
금보다 귀할 적도 있었지
부잣집은 소금 단지 가득

서민들은 소금 한번
여유 있게 준비 못했다
오죽하면 소금이 돈이라는 옛말

소금 가마니 메고
이 동네 저 동네 소금장사
귀한 손님 기다리듯 대문밖 보기

앞으로 우리나라
소금이 귀 해질 것 같다
소금이 금 되는 나라

장마 준비

줄기차게 계속 내리지
감자 양파 배추
미리 사야 돼
과일도 맛없어져

집안구석 습한 기운
몸도 마음도 처지네
장마철 되기 전
도로망 청소 깔끔히

물 피해 없는 농촌
사고 없는 도시
해마다 오는 장마
준비 잘해 잘 지나가길

긴 폭염

지구가 불이 난다
열기로 숨 막힌다
피하려 해도 피할 수 없다
실내에서도 에어컨 없이
견디기 힘들다

시간이 흘러가도록
쉬면서 기다릴 수밖에
갈수록 온난화
어떻게 견뎌 가야 하나

폭우

하늘에서
불 끄는 헬리콥터가
불 끌 때 물을 붓는 것 같다

어떻게 이렇게
계속 몇 날 며칠을
부어내려 질 수 있는지

불가항력으로
저항하지 못하는
인간의 나약함

쏟아지는 소나기를 보며
어찌할 수 없는
인간이기에 안타깝다

부지런히 출근하다
물속에서 허우적거리다
생을 마치는 사람들

좀 게으르게

좀 천천히 가도 될 일을
더 열심히 제때 갔던 사람이 피해자들

거부할 수 없는 힘
약한 듯 흘러가는 저 물이
큰 힘으로 약한 인간을 쓰러뜨린다

지인 되기

얼마나 만나야 지인인가

어떻게 생각해야
지인인가

객지에서
만난 사람 지인인가

옛적부터 만난 사람 지인인가

사람 속을 모르니
말하는 거 조심해야 돼
언제나 뒤통수칠 수 있는 게 지인

안다고 다 지인이 아니다
진실된 한 사람 만날 수 있다면
행복한 인생살이 되는 삶

유튜브

정보가 많다
궁금한 거 알고 싶은 거
유튜브
에서 알려준다

거짓 정보 진실된 정보
위험한 정보 정보가 너무 많아
어지럽다

진정한 알고 싶은 한 가지라도
제대로 알 수 있는 게 중요하다
유튜브 제대로 봐

말의 기적

말은
그 사람의 인격
생각 느낌 전달
그것이 말인데

입에서 나왔다고
말이 아니다
좋은 말
생각하게 하는 지혜로운 말

말 잘못해서
상대를 비판하고
울리고
쓰러뜨리는 게 말 한마디

칭찬 많이 하는
말 한마디
어깨 힘주는 기적.

상인의 하루

팔아야 하는 사람
기다려야 하는 사람
어떤 사람이 와도
참아야 하는 사람

상인으로 살아가는 것
인내심으로
시간을 먹으면서 사는 사람
그것이 상인의 하루

왜 상인이 됐나
상인은 어떻게 하루를 보내야 하나
오늘하루도 기꺼이
나는 버리고 고객을 왕으로

더위도 한 철

더위가 좋았던 시절
젊은 시절
행복한 시절

더위가 힘든 시절
나이 먹으니
더위 견디기도 쉽지 않네

그래도 한 철
철이 바뀌면 더위도
어느새 빨리 도망가

좋은 이웃 만드세

좋은 이웃 만나는 것
복 많은 사람

나쁜 이웃 만나는 것
어찌할 수 없는 일

피해 다니려 해도
누군가 계속 따라다닌다

그냥 그러려니 상생하며
잘 지내는 일
행복을 만들어

좋은 이웃으로 행복해지는
세상 만들어 보세

미전수기 물 마시기

수소정수기에
미세전류 흐르는 정수기

필터가 여덟 개 전기를 안 꽂아도
물이 콸콸 마그네슘까지 함유

숨만 쉬어도 독소
물만 먹어도 독소가 쌓이는 세상

어떻게 하면 건강하게
잘 살 것인가

미전수기 설치로
마음 편히 잘 사네

좋은 물 마시는 행운
팔대 조상 은덕

에어컨 바람

시원하게 불어오는
이 바람은 에어컨바람
처음엔 좋은데 자꾸 쐬니 머리 띵

바람 쐬는 시간만큼
전기 메타기 빠르게 돈다
쩐이 슬그머니 막 날아간다

돈 벌기는 쉽지 않고
돈 쓰는 거 일도 아니네
바람만 쐬고 있어도 돈이 날아가

자연바람 좋은데
화롯불처럼 따가우니
어찌하나 어찌하나 바람 쐬기 쉽지 않네

똥고집

하고 싶은 일 해야 되고
갖고 싶은 물건 가져야 되고
마음먹은 꿈
가지고 싶은 욕망은
고집이 된다

고집도 없고 포기가 쉽다면
이곳 이 자리가 있었을까
이리 흔들 저리 흔들
이말 저말 다 들어가며
무엇을 이룰 수 있었을까

고집이 세어 나빴던 게 무엇일까
고집을 버렸으면
좋은 게 무엇일까
고집 세다 말 들어도
후회는 없다

하고 싶은 것 그때그때
하다 보면 후회도 없고
아쉬움도 없다
그것이 운명
나름 할 수 있는 최선일 수 있으니까

내 편 만들기

내편 만들기

어떻게 하면 내편으로 만들까
무엇으로 내 마음을 전달할까
내편 만들기 큰 숙제

네 편 되기
이해해 주기 들어주기
손뼉 쳐주기 참아주기
같이 멀리 보기 좋아해 주기 더 노력하기

내편 만들기
네 편 되기도 고통이 수반된다
그저 되는 건 없고
그냥 되는 거도 없다

어디에든 안티

안티 어디에든 있다
찬성한 사람 있음
꼭 안 좋은 거부터
짚고 넘어간다

왜 왜 그러냐고
인간은 선과 악은 공존하니까

선을 싫어하는 사람
악을 싫어하는 사람

어느 쪽이던
생각하는 사람들
생각이 조금씩 다르니까
이거다 저거다 부러지게 판단이 어려워

연인

아무리 많은 사람이 있어도
그 사람만 보인다
샘통을 부려도
황당한 행동을 해도 밉지 않다
힘들어도 떠올리면 배시시 웃음 난다

잠잘 자나 신경
잘 지내나 하루종일 생가나
위험한 상황에도
그 사람을 위해서라면
내 한목숨 두렵지 않다

그것이 연인
연인인지 모르고 세월이 흘러도
다시 만나지고 도망을 다녀도
다시 만나지지
거부할 수 없는 인연끈 질긴 끈

흑운모 원석

만 가지 약재 중 으뜸
향약집성방 옛날의학경전에 실렸네

옛 조상님들 알아차려
양반가에서는 활용했다지

돌이 돌이 아니고
약하다 보니 악세서리로 못 만들어
대중에게 알려지지 않았지
지금이라도 알게 되어 다행

이제는 아는 사람은 건강해지고
모르는 사람은 몰라서 못하고
하고 싶어도 비싸서 못하고

검은 돌 하나가 만병을 다스리네

소개하기

좋은 일이라서
싸고 좋으니까
뭐라도 덕을 주고 싶으니까
같이 잘되면 싶어서
소개하는 게
이해 못 하면 뭔가

나로 인해 이득이 있을 거야
왜 저러지 남는 거도 없다는 게 맞나

열정적으로 소개하면
뭔가 대가가 있을 거다
상대방은 생각한다

오지랖이 넓어서 도와주고 싶을 뿐인데
세상이 그리됐다

그냥 순수한 마음으로
뭔가 하는 행동이 계산이 있어서
대가를 바라는 줄

부채의 고마움

바람 일으켜 땀을 날려
얼굴 땀방울 닦아주는 부채
햇빛 부셔 얼굴 찡그리지 않게
빛 막아주는 부채

찬바람 오니 목을 가려
기침 안 나오지

보기 싫은 광경 살짝 가리고
안 볼 수 있다

부채하나 들고 다니니
이렇게 여러모로 실용적이지
부채 잃어버리지 않게
신경 써서 들고 다녀

김치

천일염 굵은소금 팍팍 쳐 한나절
이리저리 뒤집어 배추 숨을 죽여
씻고 또 씻어 소쿠리에 받쳐
물 빠지길 기다린다

빨간 고춧가루
맑은 젓갈 새우젓
마늘 생강 파 깨소금 설탕
알맞게 넣고 버무려

배추를 포기로 담그면 포기김치
무로 담그면 총각김치 깍두기
편하게 간단히 담그면 겉절이
포기김치를 오래 삭히면 묵은지

김치 없으면 밥맛이 없고
김치찌개 김치전 김치볶음밥
국으로 끓이면 시원한 김칫국
김치랑 밥 넣고 끓이면 김칫국밥

김치는 사랑
아들 딸에게 보내고
추우겨울 되기 전에
김장해서 나눔의 미덕이 되는 김치

김장하는 날 식구들과
돼지고기 삼겹살로
수육 해서 김치에 싸 먹는
김치 담는 즐거운 날

달력

새 달력 받으면 궁금한
구정 추석 내 생일
가족생일 축하해야 할 일
동그라미 치기

한 장 한 장 때면
추억이 떨어져 가
즐거운 일 축하할 일 슬픈 일
한 가지씩 넘어가지

일 년을 동고동락
친구가 되어
하나하나 잘 알려주네
달랑 한 장 남은 달력

아쉬움 그리움 남기고
떨어져 가
새 달력 새 친구 설렘으로
환하게 반가이 맞이하네

華聯 화연 윤영라 [제4시집]
비 개인 날

초판인쇄	2025년 07월 10일
초판발행	2025년 07월 15일
지은이	華聯 윤영라
발행인	김영찬(金永燦)
기획·발행처	도서출판「한국인(제2014-000004호)」
출판·인쇄처	도서출판「부산문학(제2019-000001호)」
주소	부산광역시 동구 중앙대로 308번길 7-3 《주식회사 한국인》
전화	(051)929-7131, 441-3515
팩스	(051)917-7131, 441-2493
홈페이지	http://www.mkorean.com · http://www.busanmunhak.com
이메일	sahachanchan@hanmail.net
가격	12,000원(E-Book 6,000원)
ISBN	979-11-92829-56-2 (03810)

ⓒ 윤영라 2025, Printed in Korea.
이 책은 저작권법에 따라 보호 받는 저작물이므로 무단전재와 무단복제를 금지하며,
이 책 내용의 전부 또는 일부를 이용하려면 반드시 저작권자인 저자와
도서출판 한국인의 서면 동의를 받아야 합니다.
파본이나 잘못된 책은 구입처에서 교환해 드립니다.

※ 본 시집은 한국예술인복지재단의 2025년 일반 예술활동준비금
  (구, 창작준비금)으로 인쇄제작되었습니다.